Luisa Rose
Hänsel und Gretel
Ausmalbuch für Erwachsene

Bibliografische Information der Deutschen Nationalbibliothek:
Die Deutsche Nationalbibliothek verzeichnet diese Publikation in der
Deutschen Nationalbibliografie; detaillierte bibliografische
Daten sind im Internet über http://dnb.dnb.de abrufbar.

© 2016 Luisa Rose; 1. Auflage
Covergrafik, Texte & Illustrationen © 2016 Luisa Rose

Herstellung und Verlag: BoD – Books on Demand, Norderstedt

ISBN: 9783743114265

Hänsel und Gretel

Nicht lange, eh man's sich versah.
Steht schon die Kinderfalle da.

Die böse Hexe schreit: „Nanu!"
Perdatsch! Da fällt die Falle zu.

Und Hans und Gretel, ach, o Graus!
Schleppt man bis in das Hexenhaus.

Die Hexe macht das Feuer an,
Dass sie die Kinder kochen kann.

Am Tisch der der dicke Bösewicht,
Der paßt schon auf sein Leibgericht.

Doch Hänsel fasst die Hex am Bein,
Plums! Fällt sie in den Topf hinein.

Die Hexe kriegt ihren Lohn,
Tot hängt sie an der Gabel schon.

Der Menschenfresser, zornentbrannt,
Kommt mit dem Messer angerannt.

Im Kasten will er sie ertappen,
Der Kasten aber hat zwei Klappen.

O weh! Das hat er nicht bedacht,
Nun wird der Käfig zugemacht.

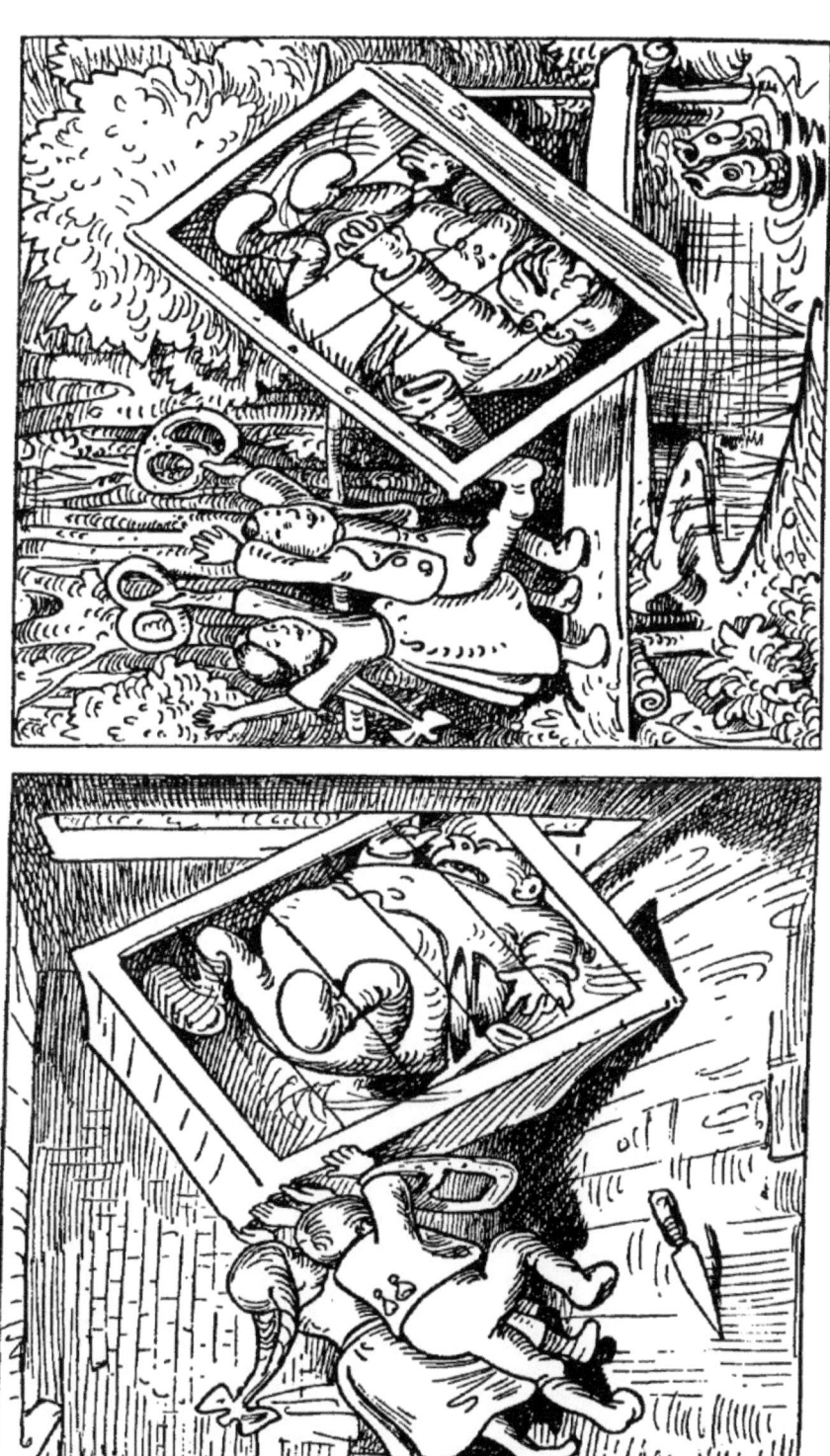

Der Dicke wird gerollt – und plumpf!
Schmeißt man ihn in den tiefen Sumpf.

Jetzt gehen die zwei zum Wald hinaus,
Die Mutter schaut schon aus dem Haus;

Sie winkt und lässt die Rute sehen:
Na, gute Nacht! Da dank ich schön!

Ein Neujahrskonzert

Zum neuen Jahr begrüßt euch hier
Ein Virtuos auf dem Klavier.
Er führ' euch mit Genuss und Gunst
Durch alle Wunder seiner Kunst.

1. Silentium

2. Introduzione

3. Scherzo

4. Adagio

5. Adagio con sentimente

6. Piano

7. Smorzando

8. Maëstoso

9. Capriccioso

10. Passagio chromatico

11. Fuga del diavolo

12. Forte vivace

13. Fortissimo vivacissimo

14. Finale furioso

15. Bravo-bravissimo

Das gestörte Rendevous

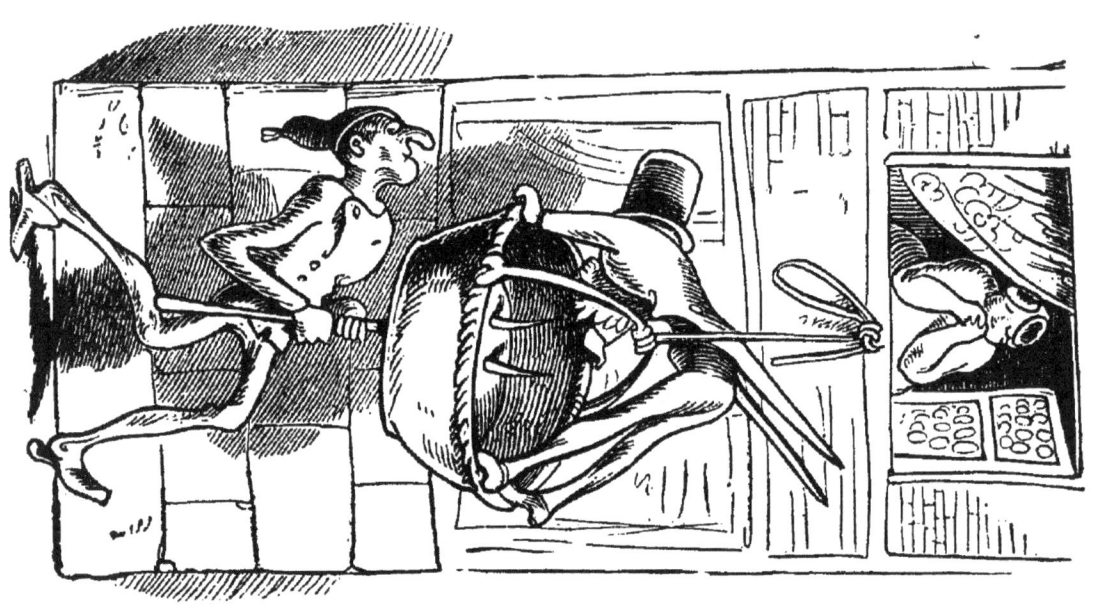

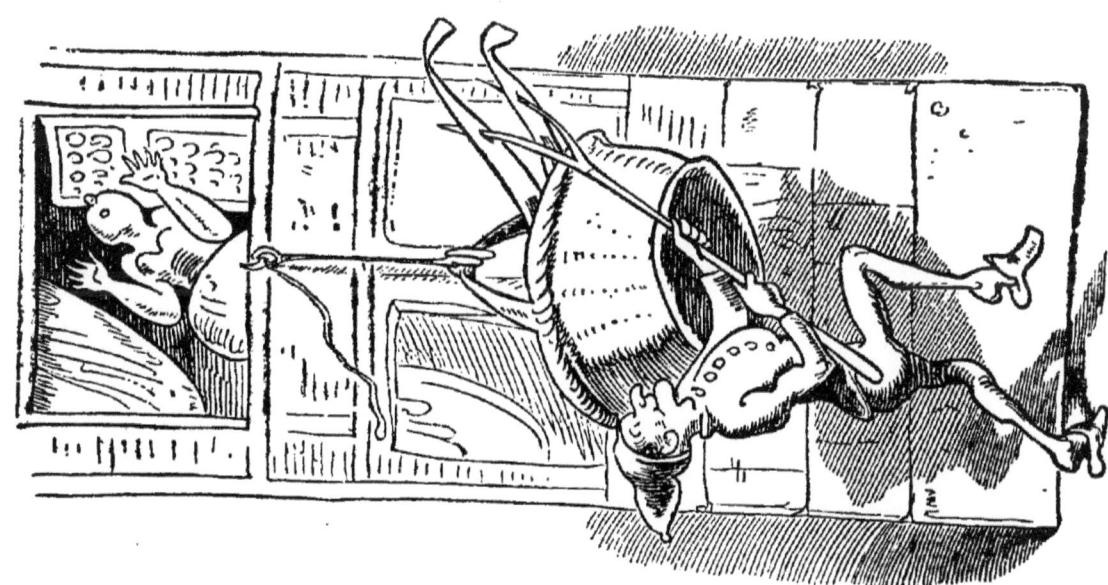

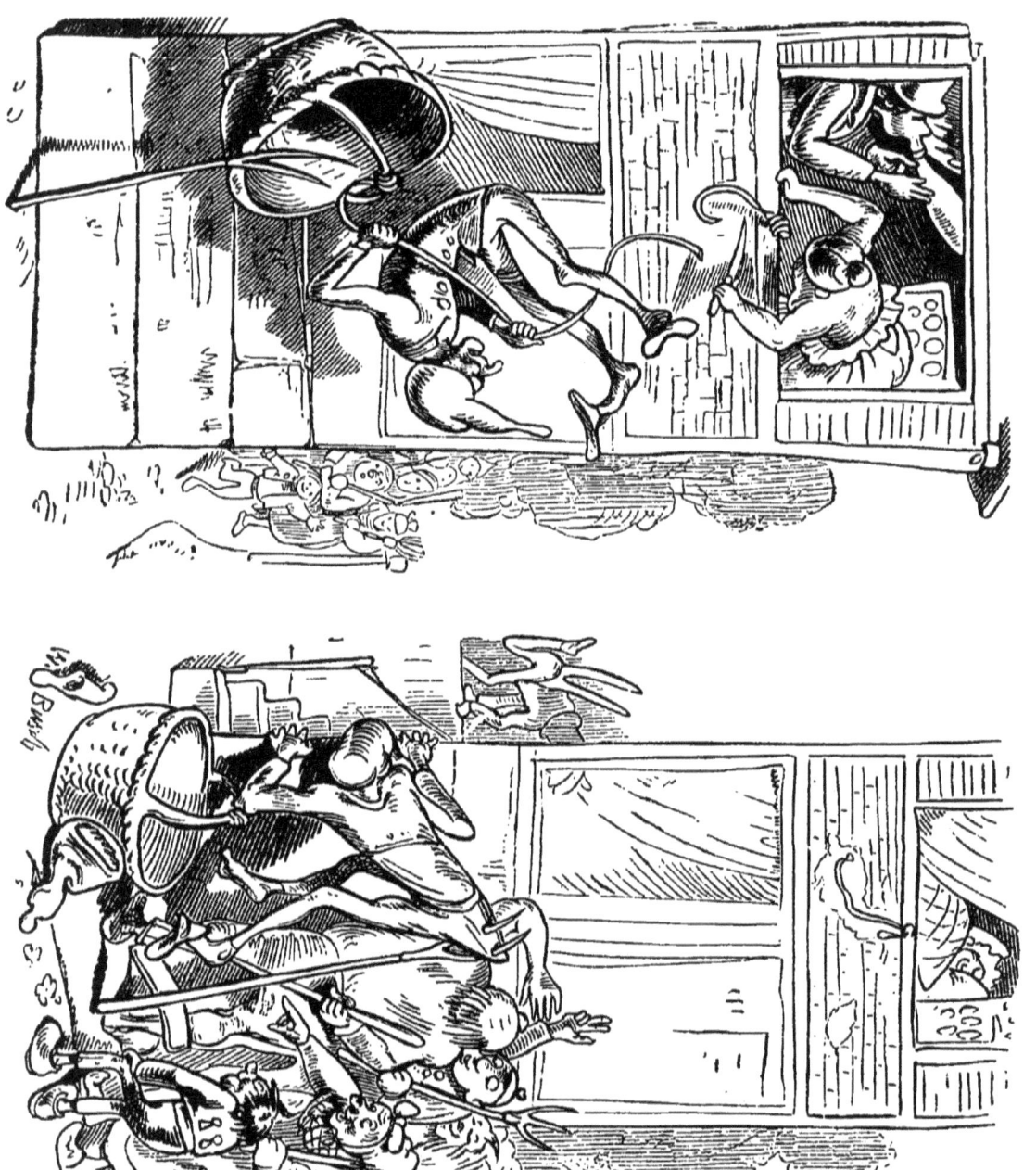

Die Entführung aus dem Serail

Der Sultan winkt – Zuleima schweigt
Und zeigt sich gänzlich abgeneigt.

„Ha!" ruft der Sultan zorn'gen Muts,
„Führt sie hinweg!!" – Der Sklave tut's.

Der Ritter Artur sucht voll Tücken
Des Hauses Wächter zu berücken.

Schon trinkt die Wache ziemlich viel,
Herr Artur stimmt sein Lautenspiel.

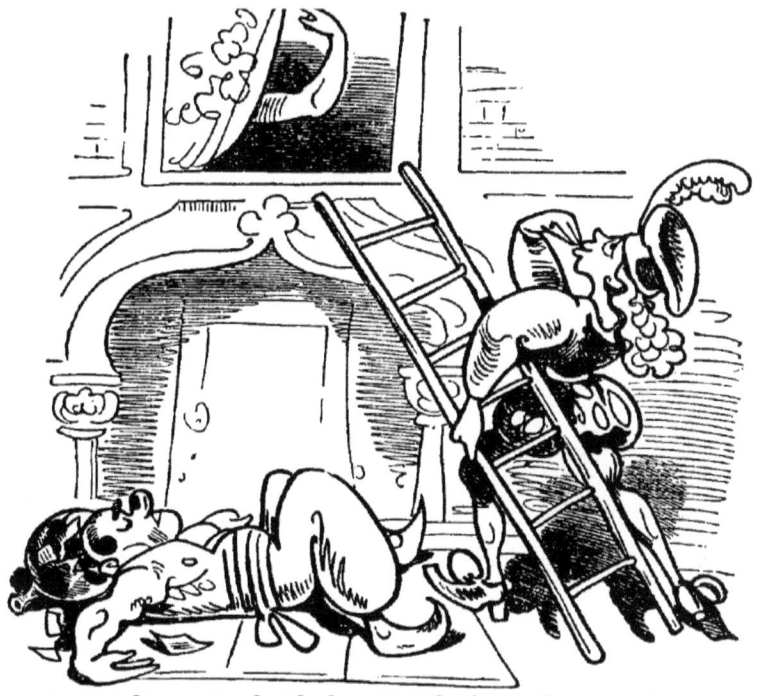

Jetzt ist die Schildwach' schon betrunken,
Und schau! Zuleima hat gewunken.

Hier grüßt man sich voll Zärtlichkeit –
Gebt acht! Der Aga ist nicht weit!

Der ruft: „Herr Sultan, kommt in Eil!"'
Grad steigt da wer in das Serail!"

Die beiden Türken steigen nach
Bis zu Zuleimas Vorgemach.

Kaum sind die beiden Türken oben,
Da wird die Leiter umgeschoben.

Der Aga sticht in großer Hitze
Dem Sultan in die Nasenspitze.

Das Pärchen aber, froh und heiter,
Entflieht per Schiff und segelt weiter.

Dem Sultan aber klopf das Herz,
Vor Herzenspein und Nasenschmerz.

Weitere Ausmalbücher von Luisa Rose:

Titel	ISBN
Alice im Wunderland	9783741297502
Blumen und Märchen	9783743102002
Der Struwwelpeter	9783743102699
Die Struwwelliese	9783743102811
Don Quixote	9783743104037
Drei kleine Schweine	9783743104099
Eine Blumenhochzeit	9783743104105
Fröhliche Reigenspiele	9783743104112
Lustige Tanzspiele	9783743104273
Reise ins antike Griechenland	9783743112568
Flucht ins antike Griechenland	9783743112599
Pariser Leben im 19.Jahrhundert	9783743112704
Die Sommerkönigin	9783743112742
Der Schneider und die Krähe	9783743112827
Die Wikinger	9783743113275
Hänsel und Gretel	9783743114265
Max und Moritz	9783743103214
Schnurrdirburr	9783743112834
Mode des 18. und 19. Jahrhunderts	9783743112971
Kostümbilder des 18. und 19. Jahrhunderts	9783743114401
Abenteuer im Bienenland	9783743117051
Griechische Helden der Antike	9783743117709
Märchen alter Zeit	9783743116559

Notizbücher von Luisa Rose:

Titel	ISBN
Drachentöter (Notizbuch)	9783743113077
Natures Wonders (Notizbuch)	9783743113817
Gedankenspiel Notizen (Notizbuch)	9783743113886
Smaragd Notizen (Notizbuch)	9783743114296
Jagd Notizen (Notizbuch)	9783743114302
Tradition (Notizbuch)	9783743114319
Antik Notizbuch (Notizbuch)	9783743114326
Veni Vidi Vici (Notizbuch)	9783743114340
Black List (Notizbuch)	9783743114371
Mystic Notes (Notizbuch)	9783743114388
Magic Notes (Notizbuch)	9783743114418
Fantasien (Notizbuch)	9783743114463
Creative Notes (Notizbuch)	9783743114487
Persönliche Notizen (Notizbuch)	9783743114494
Peter Pan (Notizbuch)	9783743114531
Rose (Notizbuch)	9783743114548
Quality Street (Notizbuch)	9783743114555
Rubin Notizen (Notizbuch)	9783743114647
Schmetterlinge (Notizbuch)	9783743114661
Ali Baba (Notizbuch)	9783743114678
The portrait of a Lady (Notizbuch)	9783743114692
Shakespeare (Notizbuch)	9783743114722
Brainstorming (Notizbuch)	9783743114739
Merlin (Notizbuch)	9783743114746
Rügen (Notizbuch)	9783743114784

Möchtest du über neue Bücher von Luisa Rose per email Informiert werden? Dann schicke eine Email mit ‚Newsletter' im Betreff an Luisa.Rose@t-online.de